NLP Werkzeugkiste

Praxis Pur - NLP Techniken einfach selbst anwenden

von Uwe Klein

W0317535

Haftungsausschluss: Alle Angaben wurden mit großer Sorgfalt erstellt, inhaltliche Fehler sind jedoch nie ganz auszuschließen. Autor und Herausgeber können hierfür keine Haftung übernehmen, jeder Leser ist für die Umsetzung und Anwendung der hier gegebenen Tipps selbst verantwortlich.

Inhaltsverzeichnis

Werkzeuge und Techniken des NLP (Neurolinguistisches Programmieren)

Der Begriff des Neurolinguistischen Programmierens (abgekürzt auch einfach NLP genannt) wirkt auf den ersten Blick recht sperrig. Er setzt sich sprachlich allerdings aus drei simplen Teilen zusammen, die jeweils eine ganz bestimmte Bedeutung besitzen:

"Neuro": das Gehirn, beziehungsweise das Nervensystem betreffend
"-linguistisches": die Sprache, beziehungsweise die Kommunikation betreffend
"Programmieren": Veränderung durch gezielte Handlungsanweisungen

Grob gesagt handelt es sich beim Neurolinguistischen Programmieren also um ein Verfahren, bei dem mithilfe der Sprache das Gehirn (oder auch die Psyche) nachhaltig in seinen Abläufen verändert werden soll. Menschen, die das NLP einsetzen, nutzen unter anderem die Erkenntnisse aus den Bereichen Psychotherapie, Philosophie, Neurophysiologie, Hypnose und Kommunikation. Entwickelt wurde das Konzept von Richard Bandler und John Grinder in den frühen 1970er Jahren an einem Forschungsinstitut in Santa Cruz, Kalifornien.

Das Ziel des Neurolinguistischen Programmierens ist unter anderem die verbesserte zwischenmenschliche Kommunikation, eine exakte Zielsetzung für den weiteren Lebensweg, das umweglose Erreichen dieser Ziele und ein gesunder Umgang mit sich selbst. So soll mit der Zeit die Lebenszufriedenheit gesteigert werden. Wer NLP anwendet, wünscht sich eine Weiterentwicklung seiner Persönlichkeit und der Karriere, er möchte mehr aus sich machen und das alles aus eigenem Antrieb heraus. Hier kann auch von einer intrinsischen Motivation gesprochen werden: Der Anwender wendet das NLP an, weil er sich aus freien Stücken dazu entschieden hat und nicht, weil er gezwungen wurde. Die Motivation bestimmt in höchstem Maße über den Erfolg des NLP.

Damit diese Wünsche erfolgreich umgesetzt werden können, kommen die verschiedensten NLP-Techniken zum Einsatz. Sie eignen sich als Instrumente für die gelungene Entwicklung alltäglicher Prozesse in allen zwischenmenschlichen Bereichen (Familie, Beziehung und andere) sowie in professionellen Systemen (insbesondere in den Branchen Psychotherapie, Coaching, Pädagogik, Gesundheit oder Wirtschaft). Außerdem können alle Berufstätigen in einer führenden Person davon profitieren - dies ist unabhängig von der Branche. Einige dieser nützlichen Strategien werden im Folgenden detaillierter vorgestellt.

NLP Toolbox

1. SMARTe Zielformulierung

Ziel: Die Erreichbarkeit von Zielen verbessern

Ziele lassen sich mit SMART professionell und eindeutig erfassen, formulieren und letztendlich auch umsetzen. Das englische Wort "smart", das die Technik benennt, heißt übersetzt soviel wie "clever, intelligent". Bei SMART handelt es sich darüber hinaus um ein Akronym. Die einzelnen Buchstaben kürzen jeweils einen Teil der Technik ab. SMART können Sie allein, mit einem Partner oder einer Gruppe durchführen, je nachdem wie viele Personen in das Ziel involviert sind oder ob Sie alleine arbeiten können und wollen.

(1) S wie Spezifisch

Das Ziel muss spezifisch sein. Das heißt in erster Linie, dass Sie kurz und knapp beschreiben, was genau Sie erreichen wollen. Tipp: Machen Sie Gebrauch vom sogenannten KISS-Prinzip (Akronym für "Keep it short and simple"). Hinzu kommt, dass Sie Bescheid darüber wissen, was Ihnen das Erreichen des Ziels bringt. Dazu nutzen Sie die Kraft Ihrer Vorstellung und Ihre Sinne. Was werden Sie fühlen, wenn das Ziel erreicht ist? Sehen Sie sich selbst vor Freude strahlen oder gar jubeln? Sind Ausrufe der Freude zu hören? Durchströmt ein Glücksgefühl Ihren Körper oder können Sie eine Gänsehaut wahrnehmen? Mit zunehmender Genauigkeit Ihrer Beschreibung und der Vorstellung nimmt die Wahrscheinlichkeit zu, dass Sie Ihr Ziel auch erreichen.

(2) M wie Messbar

Das Ziel zeichnet sich durch Messbarkeit aus. Das heißt, dass eindeutige Zwischenergebnisse und Endergebnisse bestimmt werden, die konkret formuliert sind. Messbare Ziele sind zum Beispiel: "Ich werde den Kunden X gewinnen", "Ich lege meine Abschlussprüfung mit der Endnote 2 ab" oder "Um entspannter zu werden, gehe ich einmal in der Woche zum Yoga-Kurs". Es lässt sich hierbei genau bestimmen, ob der Kunde X tatsächlich gewonnen, die Prüfung mit der entsprechenden Note abgelegt, oder einmal in der Woche der Yoga-Kurs besucht wurde.

Zum besseren Verständnis folgt hier noch ein Beispiel für ein nicht messbares Ziel: "Ich gründe ein Unternehmen, das mich reich macht." Hier wurden einige Fakten, zum Beispiel die Branche oder der angestrebte Gewinn nicht konkret formuliert. Zu mehr Erfolg würde hingegen folgende Formulierung führen: "Ich gründe mein Start-Up im Bereich IT und werde in der Lage sein, von dem Gewinn zu leben."

(3) A wie Attraktiv

Damit überhaupt erst die Motivation aufkommt, ein Ziel mit Leidenschaft erreichen zu wollen, muss es über attraktive Eigenschaften verfügen. Warum sollten Sie sonst Energie dafür aufwenden? Attraktive Ziele zeichnen sich durch den Genuss aus, den sie mit sich bringen. So können Sie zum Beispiel Ihr Traumauto genießen, weil es für Sie ein Statussymbol ist, oder Sie können Ihren erreichten Abschluss genießen, weil es Ihnen Ansehen bringt und Sie Zugang zu besseren Berufen erhalten. Auch der gewonnene Kunde X kann zu Genuss führen, zum Beispiel, weil er das Image Ihrer Firma langfristig aufbessert.

(4) R wie Realistisch

Hierbei gilt nicht nur, dass das Ziel überhaupt erreichbar ist. Dies bezieht sich nämlich vor allem auf Sie selbst und Ihre individuellen Fertigkeiten. Besitzen Sie selbst die nötigen Ressourcen, die nötig sind, um das Ziel zu erreichen? Beispiel Abschluss: Sie werden sicher einiges an Fleiß und kognitive Fähigkeiten benötigen. Zudem ist Zeit erforderlich und eventuell sogar verfügbare finanzielle Mittel. Fragen Sie sich ehrlich, ob Ihr Ziel realistisch ist. So vermeiden Sie es, dass Sie später enttäuscht werden.

(5) T wie Terminiert

Ein Ziel will auch durch einen festes Datum begrenzt werden. Formulieren Sie es also auch zeitlich: "Ich gründe HEUTE mein Start-Up Unternehmen und erziele in SPÄTESTENS sechs Monaten Gewinne." Seien Sie so exakt wie möglich! Dieser Punkt überschneidet sich in gewisser Weise mit dem Punkt "M wie Messbar".

Wer seine Ziele mit Smart formuliert, gewinnt Sicherheit. Nutzen Sie Ihre Sinne, in dem Sie sich passende Bilder im Kopf ausmalen, sprechen Sie Ihre Gedanken ruhig auch aus und spüren Sie bewusst die körperlichen Veränderungen.

SMARTE ZIELFORMULIERUNG

DIE ERREICHBARKEIT VON ZIELEN VERBESSERN

S WIE SPEZIFISCH

Das Ziel muss spezifisch sein. Das heißt in erster Linie, dass Sie kurz und knapp beschreiben, was genau Sie erreichen wollen.

M WIE MESSBAR

Das Ziel zeichnet sich durch Messbarkeit aus.

A WIE ATTRAKTIV

Damit überhaupt erst die Motivation aufkommt, ein Ziel mit Leidenschaft erreichen zu wollen, muss es über attraktive Eigenschaften verfügen.

R WIE REALISTISCH

Hierbei gilt nicht nur, dass das Ziel überhaupt erreichbar ist. Dies bezieht sich nämlich vor allem auf Sie selbst und Ihre individuellen Fertigkeiten.

T WIE TERMINIERT

Ein Ziel will auch durch einen festes Datum begrenzt werden. Formulieren Sie es also auch zeitlich.

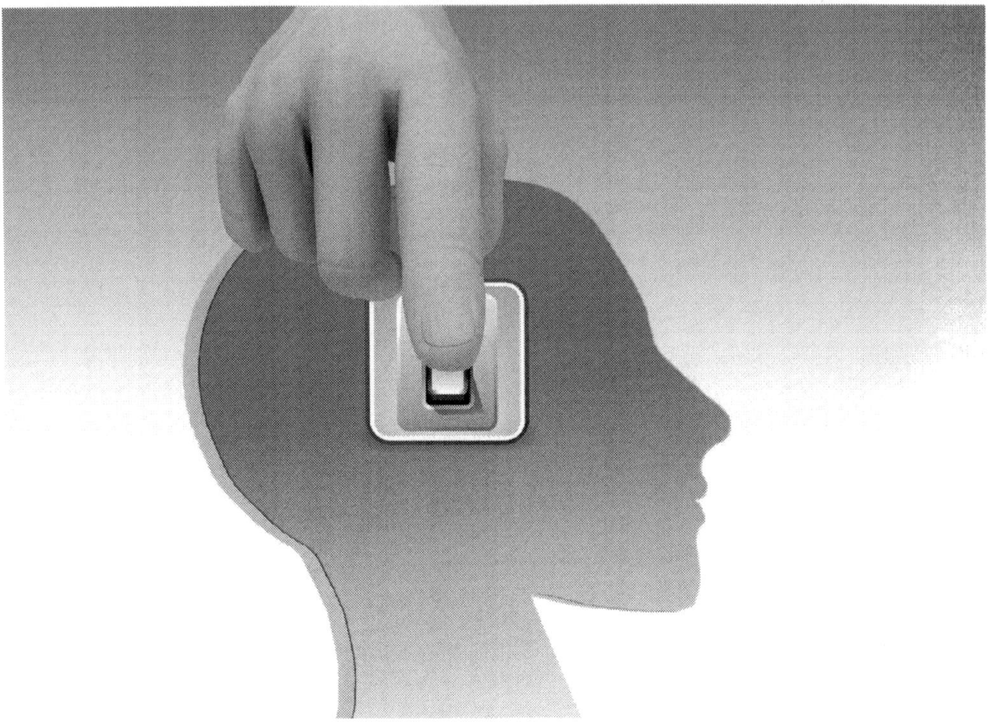

2. Ziele definieren mit der SCORE-Technik

Ziel: Ziele ausloten und das Erfassen wesentlicher Informationen für nachfolgende NLP-Techniken

Die SCORE Technik hat vieles mit der SMART Technik gemeinsam. Genau wie die Alternative lässt sich der Begriff aus dem Englischen ins Deutsche übersetzen (score = Ergebnis), zugleich handelt es sich bei dem Begriff wieder um ein Akronym. SCORE hilft Ihnen, wertvolle Informationen innerhalb eines geordneten Systems zu extrahieren. Hilfreich kann es sein, wenn Sie sich einige Notizen machen, damit Sie nichts Wesentliches vergessen. Auch in diesem Fall können Sie allein, mit einem Partner oder im Team vorgehen. Die Buchstaben des Begriffs SCORE stehen für folgende Bedingungen:

(1) S wie Symptom

Klären Sie zunächst Ihren aktuellen Zustand, setzen Sie sich also mit Ihrer Gegenwart auseinander. Wo hakt es bei Ihnen? Seien Sie so konkret wie möglich. Sie können sich hierfür Fragen stellen wie:

* Wie geht es mir eigentlich heute?
* Was ist heute besonderes in meinem Alltag vorgefallen?
* An welchem Punkt in meinem Leben befinde ich mich genau?
* Wie steht die Firma aktuell da?

(2) C wie Cause

Cause bedeutet Grund oder Ursache. Dies ist der nächste Unterpunkt, den Sie klären sollten. Begeben Sie sich in Gedanken in die Vergangenheit zurück: Gestern, letzte Woche, vor drei Monaten oder vor zehn Jahren. Gehen Sie zurück zu dem Zeitpunkt, die für Ihre Informationssuche nützlich ist. Hilfreiche Fragen können sein:

* Warum ist das geschehen?
* Was war der Auslöser?

(3) O wie Outcome

Dieses Wort bedeutet Resultat. Hier beschäftigen Sie sich mit der Zukunft.

Klären Sie Ihre Ziele für die entsprechende Angelegenheit. Fragen Sie sich Dinge wie:

* Was ist mein Ziel?
* Wo möchte ich eigentlich hin?
* Wie wird das Image/der Gewinn/etc. der Firma in drei Jahren sein?

(4) R wie Ressource

Die Ressource ist das Medium, das Ihnen hilft Ihr Ziel zu erreichen. Dabei betrachten Sie die Zeiträume zwischen Vergangenheit, Gegenwart und Zukunft. Dabei können Ihnen folgende Fragen weiterhelfen:

* Welches Hilfsmittel kann mich darin unterstützen, von meinem Jetzt-Zustand in meinen Wunsch-Zustand zu gelangen?
* Welche Eigenschaft hat mir dabei in der Vergangenheit geholfen, bzw. hat mich dabei gestört?
* Wen oder was brauche ich zur Umsetzung meines Ziels?

(5) E wie Effect

Effect kann mit Effekt oder Wirkung übersetzt werden. Dabei gilt es, sich den zukünftigen Zustand bereits im Hier und Jetzt in seinen Einzelheiten vorzustellen. Fragen Sie sich dazu Folgendes:

* Wie werde ich mich fühlen, wenn ich mein Ziel erreiche?
* Wie werde ich mich verhalten, wenn ich mein Ziel erreiche?
* Wie wird das Team feiern, wenn die Firma den Punkt erreicht hat?

Sie bemerken sicher, dass sich SMART und SCORE nicht ganz unähnlich sind. Die Techniken überschneiden sich in der Tat. Wenn Sie noch keine Erfahrungen damit gesammelt haben, ist es empfehlenswert, beide auszuprobieren. Vielleicht stellen Sie fest, dass Ihnen eine Variante besser liegt als die andere. Tipp: Bei besonders komplexen und haarsträubenden Problemen können Sie die Inhalte natürlich auch mit beiden Varianten erörtern. So gelingt ein noch tieferer Einblick in die Thematik.

3. Das Ankern

Ziel: Uneingeschränktes Aufrufen von hilfreichen und unterstützenden Gefühlen und Zuständen

Stellen Sie sich vor, Sie könnten - wann immer Sie es wollen - ein ganz bestimmtes Gefühl in sich erzeugen. Vielleicht Glück oder Freude, Stolz oder Liebe. Tatsächlich ist dies mit Techniken des Neurolinguistischen Programmierens erlernbar. Das Einzige, was Sie dazu benötigen, ist die Kenntnis über den Vorgang des Ankerns und ein wenig Übung.

Das Ankern läuft in mehreren Schritten ab. Nehmen wir an, Sie möchten das Gefühl "Stolz" ankern. Suchen Sie sich dazu zunächst einen Anker aus. Der Anker ist als Medium zu betrachten, mit dem ein daran gekoppeltes Gefühl in Ihnen ausgelöst wird. Es gibt viele gute Beispiele für Anker: Ein Geruch (zum Beispiel Parfum), eine Geste (wie über den Oberarm streichen), ein Geräusch oder eine Tonfolge (zum Beispiel eine Melodie), ein Bild (wie ein Foto) und viele mehr.

Vielleicht kennen Sie bereits den ein oder anderen Anker in Ihrem Leben. Fotos sind starke Anker. Manche Exemplare lösen in uns durch reines Betrachten starke Gefühle aus. Zum Beispiel könnte ein persönliches Hochzeitsfoto Glück auslösen. Musik als Anker ist eine ebenso gute Wahl. Viele Menschen haben ein Lieblingslied, das ihnen schon durch das Anklingen spezieller Töne Freude schenkt.

In unserem Beispiel wird als Anker für den Stolz ein Parfum gewählt. Dabei handelt es sich aber nicht um irgendein Parfum! Folgendes sollte bei der Auswahl beachtet werden:

* Es ist als Anker noch völlig frei, also löst nicht bereits ein Gefühl aus.
* Da das zu ankernde Gefühl "Stolz" ist, wird zudem ein Parfum ausgewählt, das einen gewissen stolzen Charakter in sich trägt.

Tipp: Falls auch Sie ein Parfum als Anker auswählen möchten, Sie aber unsicher sind welchen Duft Sie kaufen sollen, können Sie sich durch Werbung inspirieren lassen. Meist zeigen Plakate oder kurze Werbefilme welche Seele im Parfum steckt. Alternativ können Sie sich auch von Mitarbeitern in Parfumerien beraten lassen.

Nachdem der Anker gewählt ist und bereit steht, können Sie mit dem Ankern beginnen. Die Technik lässt sich übrigens sehr gut allein durchführen, eine Anleitungsperson ist bei Neueinsteigern aber hilfreich.

(1) Kehren Sie in sich

Entspannen Sie sich zunächst auf einem bequemen Sitz an einem ruhigen Ort. Lockern Sie Ihre Muskeln, schließen Sie Ihre Augen und atmen Sie ein paar Mal tief durch. Wenn Sie bei sich angekommen sind, denken Sie an das Gefühl, welches Sie ankern möchten. Suchen Sie eine Situation aus Ihren Erinnerungen aus, in der Sie von diesem Gefühl erfüllt waren. Im Beispiel könnte sich der Anwender zum Beispiel an den Moment erinnern, als er oder sie ein Abschlusszeugnis erhielt oder ein überwältigendes Lob bekam.

(2) Machen Sie die Erinnerung vor Ihrem geistigen Auge wieder lebendig

Ziel ist es, die Erinnerung so lebhaft wie möglich zu gestalten. Der Blick fürs Detail macht hierbei den Unterschied. Überlegen Sie, was Sie in der Situation gesagt, gedacht oder gefühlt haben. Wie haben andere Personen reagiert? Erinnern Sie sich an den Ort, das Wetter, die Kleidung und sogar an Ihre Frisur oder den Schmuck, den Sie trugen. Bei der Verleihung des Abschlusszeugnisses könnten Sie sich in Ihrem Anzug vorstellen und rekonstruieren, welche Worte Sie dem Verleiher des Zeugnisses geantwortet haben. Wie hat sich das angefühlt? Wurde Ihre Hand gedrückt? War es ein fester und sicherer Händedruck? Spüren Sie sehr intensiv in Ihr Gefühl hinein und genießen Sie es einen Augenblick.

Tipp: Sie stellen fest, dass Sie sehr unsicher wegen der tatsächlichen Details sind? Halten Sie sich nicht daran auf! Es ist für die Technik nämlich nicht wichtig, ob die Wiedergabe des Geschehens zu 100 Prozent exakt ist. Niemand wird Sie testen! Es geht allein um die Imagination.

(3) Das Ankern beginnen

Setzen Sie nun den Anker ein, auf dem Höhepunkt Ihres Gefühlserlebnisses. Betrachten Sie Ihr Bild, summen Sie Ihre Melodie oder führen Sie Ihre Geste durch. Im Beispiel hält sich der Anwender also den Flakon mit dem Parfum an die Nase oder sprüht ein wenig auf ein Stück Papier. Dieses wedelt er ein wenig vor der Nase hin und her, damit sich der Duft in der Nähe der Nase ausbreitet.

Achtung: Verlieren Sie währenddessen nicht Ihr Gefühl aus dem Kopf!

(4) Überprüfen Sie den Erfolg

Das Ankern ist an dieser Stelle bereits abgeschlossen. Kehren Sie mit Ihren Gedanken wieder in den Alltag zurück. Nach einigen Augenblicken, in dem Sie Ihren Kopf frei machen, machen Sie den Test: Setzen Sie Ihren Anker ein. Verschaffen Sie Ihrer Nase den spezifischen Geruchsreiz, oder hören Sie das Musikstück. Spüren Sie das Gefühl? Wenn Sie nun von Stolz, Freude oder Liebe erfüllt sind, war das Ankern erfolgreich.

Eventuell müssen Sie den Ankerungsprozess noch einmal wiederholen. Doch es lohnt sich, sogar wenn Sie dazu mehrere Wiederholungen benötigen. Stellen Sie sich doch einmal einen stressigen Tag vor, der Ihnen für gewöhnlich alle Kräfte rauben würde. Durch das Ankern sind Sie in der Lage, für jeden Tag eine Gefühlsrücklage zu besitzen. Geben Sie nicht auf, wenn der Anker nicht auf Anhieb sitzt, denn die Technik ist tatsächlich sehr anspruchsvoll.

Tipp: Das Ankern passiert unbewusst auch mit negativen Gefühlen. So geht es vielen Trauma-Patienten, die eine erlebte Gewalttat immer wieder aufrufen müssen, weil ein Anker (zum Beispiel Geruch von Alkohol) die Erinnerung triggert. Seien Sie also achtsam und visualisieren Sie nur die Situationen, die Sie positiv beeinflusst haben.

Darüber hinaus ist das Ankern ein wichtiger Prozess, den Sie auch für weitere Techniken des NLP als Grundlage nutzen können. Sie können neben Gefühlen auch Zustände ankern. Wie wäre es mit Entspannung, Ehrgeiz, Aufmerksamkeit oder Selbstbewusstsein? Das funktioniert alles nach demselben Prinzip.

Übrigens: Anker werden oft auch als Ressourcenanker bezeichnet, denn Sie tun nichts anderes, als sich Ihrer persönlichen Ressourcen zu bedienen, also den wertvollen Fähigkeiten, die sich bereits in Ihnen befinden.

4. Die Fast Phobia Cure Technik

Ziel: Auflösung von spezifischen Phobien und Ängsten

Die Fast Phobia Cure Technik, im Folgenden FPC genannt, ist ein wirksames Werkzeug zum Auflösen von Phobien und Ängsten, z.B. einer Spinnenphobie oder Höhenangst. Ängste werden automatisch durch einen Reiz ausgelöst. Dies geschieht auf die immer gleiche Weise. Die Grundlagen für die FPC liegen der Fähigkeit zugrunde, dass es keinen Unterschied im realen Erleben einer Situation oder nur der Vorstellung davon gibt. Wie die Spinne auf der Hand: Es ist für das Gehirn unerheblich, ob sie real oder nur eine Vorstellung im Kopf ist.

Gestützt wird die Technik durch Erkenntnisse, die besagen, dass durch den Einsatz der Sinne tatsächlich eine Veränderung im Gehirn stattfinden kann, sofern sie gezielt eingesetzt werden. Das heißt, ein Spinnenphobiker verliert seine Angst und lernt einen entspannten Umgang mit dem angstauslösenden Reiz. Das quälende Gefühl der Angst in den als schwierig empfundenen Situationen wird in seiner Intensität spürbar abgeschwächt, weil die Situation mit FPC aus einer dissoziierten, also rein beobachtenden und nicht mehr teilnehmenden Perspektive betrachtet wird. Die lindernde Dissoziation während der FPC kann je nach Bedrohungsempfinden ein- oder mehrmals wiederholt werden.

Da Ängste schnell in Panik münden können, empfiehlt es sich, die Technik mit einer erfahrenen Anleitungsperson durchzuführen. FPC beginnt mit dem Ankern der betroffenen Person an eine bestimmte Ressource. Die Ressource könnte Entspannung, Sicherheit oder Selbstbewusstsein sein. Eben jene, die der Person dabei hilft der Angst entgegenzutreten. Aus diesem Grund ist es von Vorteil, wenn der Anker sehr sicher sitzt. Der Anleiter muss sich zudem sicher sein, dass er sein Gegenüber auffangen kann, falls die Technik misslingt. FPC wird in vier Schritten durchlaufen.

(1) Ziel eingrenzen

Um die Angst-Lösung zu erreichen, ist eine exakte Ziel-Formulierung notwendig. Hierzu können Sie sich der SMART oder SCORE Technik bedienen. Wenn klar ist, welcher Reiz die Angst auslöst und in welchen Situationen das unangenehme Gefühl auftritt, können Sie sich an den nächsten Punkt wagen.

(2) Einen entspannten Zustand erreichen und Ressourcenanker einsetzen

Der Anleiter bringt sein Gegenüber nun in einen positiven Grundzustand. Die Person sollte möglichst entspannt und ruhig sein, bevor es weitergeht. Sie sollte darin unterstützt werden, eine positive Situation zu erinnern. Dabei darf nicht der Kontakt zum Hier und Jetzt verloren gehen. Eine Stimmung von Geborgenheit ist eine gute Unterlage für den nachfolgenden Prozess. Dazu kann sich der Anleiter allen Sinnen bedienen. Das heißt, dass dieser eine gemäßigte Stimme verwendet und ruhig, aber bestimmt, spricht.

Der Anwender schließt seine Augen, sofern er das möchte, und bekommt die Anwesenheit und beruhigende Wirkung des Anleitenden übermittelt, indem sich die Hände beider Personen berühren. Achten Sie aber darauf, dass dies auch als angenehm wahrgenommen wird. Setzen Sie nun den Ressourcenanker. Die in diesem Moment vorliegende Stimmung heften Sie daran an, damit Sie später wieder aufgerufen werden kann. Der Anker könnte zum Beispiel die ruhige Stimme oder ein Händedruck sein.

(3) Ein Besuch im Kino

Aber nicht in irgendeines! Natürlich verlassen Sie beide Ihre Plätze in der Wirklichkeit nicht. Aber der Anwender macht sich nun auf eine Reise innerhalb seiner Gedanken. Der Anwender wird folgendermaßen angeleitet:

* Schließe deine Augen und stelle dir vor, dass du einen Kinosaal betrittst und dich auf einen Platz setzt, an dem du gut die Leinwand betrachten kannst.
* Dein Bewusstsein verlässt nun deinen Körper, der ruhig auf dem Kinositz sitzen bleibt. Versuche dir vorzustellen, wie du wie ein Geist aus deinem Körper aufsteigst (Anmerkung: Dieser Vorgang nennt sich Dissoziation).
* Betrachte aus einer schwebenden Position heraus deinen ruhigen Körper, wie er auf die Leinwand blickt. Schwebe um deinen Körper herum und beobachte dich.
* Schwebe nun langsam von deinem Körper weg und bewege dich in den Vorführraum. Auch von dort betrachtest du einen Augenblick deinen ruhigen Körper.
* Der Kinosaal verdunkelt sich nun. Ein Bild offenbart sich langsam auf der Leinwand, es ist Schwarz-Weiß. (Anmerkung: Das Bild zeigt eine Momentaufnahme, die aufgenommen wurde bevor die angstbesetzte Situation eintrat. Diese müssen Sie vorher mit Ihrem Gegenüber absprechen.)

* Beobachte deinen Körper, wie er das Bild betrachtet.
* Nun läuft das Schwarz-Weiß-Bild langsam in einen Film über. Wenn das Betrachten unangenehm wird, kannst du selbst den Film abschwächen, indem du die Schärfe der Bilder veränderst, den Ton abschaltest oder die Bilder schneller ablaufen lässt. Das liegt allein in deiner Hand. Die Situation läuft in Schwarz-Weiß ab. Du beobachtest, dass dein Leinwand-Ich auf den Reiz trifft. Du befindest dich aber im Vorführraum und bist in Sicherheit. Du kannst aus deiner sicheren Position heraus beobachten, wie dein Leinwand-Ich reagiert. (Anmerkung: An dieser Stelle sollten Sie abwägen den Ressourcenanker einzusetzen, sofern sich eine stärkere Unruhe bemerkbar macht. Sie können auch eine weitere Person ins Spiel bringen.)
* Der Film findet sein Ende in einer entspannten Phase (Anmerkung: Der Reiz ist kein Teil der Bilder mehr, auch die Reaktion hat sich gelegt). Hier hält er an, es ist wieder ein Standbild zu sehen (Anmerkung: Halten Sie den Film niemals auf seinem Höhepunkt an, sondern nur dann wenn die Situation wieder aushaltbar ist!).
* Begib dich in das Bild und nimm deine eigene Rolle ein. Lass es farbig werden.
* Nun beginnt der Film rückwärts zu laufen. Die Geschwindigkeit ist sehr hoch. Die Bilder bleiben in Farbe, auch die Geräusche laufen rückwärts.
* Wenn der Anfang erreicht ist, verlässt du das Bild und schwebst als Geist zurück in deinen Körper, der noch immer ruhig auf seinem Kinosessel sitzt.
* Der Vorgang beginnt nun wieder von Neuem. (Anmerkung: Das Bild verliert seine Farbe und geht in einen Film über, und so weiter, bis Sie gemeinsam wieder an den Anfang zurückgekehrt sind. Achten Sie auf unbewusste Signale Ihres Gegenübers, die Ihnen zeigen, dass sich zunehmende Erleichterung einstellt und kommentieren Sie diese auf positive Art. Wiederholen Sie den Film mehrmals und setzen Sie bei Bedarf den Ressourcenanker ein.)

Nachdem Sie den Film einige Male wiederholt haben und feststellbar ist, dass sich eine entspanntere Haltung in Zusammenhang mit der Situation ergeben hat, können Sie den Vorgang unterbrechen und den Erfolg überprüfen. Setzen Sie den Anwender nach vorheriger Ankündigung dem Reiz aus. Ist die Reaktion noch immer panisch, unterbrechen Sie die FPC vorübergehend und wiederholen Sie den Prozess später noch einmal. Sollte hingegen keine Angstreaktion mehr auftreten, setzen Sie den Ressourcenanker an die Stelle des Reizes. Nutzen Sie den Erfolg auch, um andere Reize zu entschärfen.

5. Augenbewegungen im NLP

Ziel: Verbesserter Rapport zu Ihren Mitmenschen herstellen

Viele Menschen verwenden unbewusst ein ganz bestimmtes Augenbewegungsmuster, das sich auch als Repräsentationssystem bezeichnen lässt. Es wird in der Regel durch Fragen aktiviert und kann einem aufmerksamen Beobachter in manchen Fällen (Achtung: nicht in allen Fällen!) verraten, auf welche Art und Weise die Person denkt. Anhand von Augenbewegungen ist aber nicht nachvollziehbar, WAS jemand denkt. Die Kenntnis über Augenbewegungsmuster erlaubt Ihnen, sich besser in Ihr Gegenüber einzufühlen. Dies können Sie zum Beispiel zur Herstellung des Rapports nutzen. Beim Rapport handelt es sich um nichts anderes als Ihren persönlichen Draht zu einem anderen Menschen.

Für viele Rechtshänder gelten die unten stehenden Zugangsmuster aus der Beobachter-Perspektive. Für Linkshänder sind sie spiegelverkehrt. Beachten Sie, dass die Blickrichtung keine Aussage über Wahrheit oder Lüge erlaubt. Wenn zum Beispiel ein Arbeitgeber seinen Arbeitnehmer vorwirft, er habe Bürobedarf gestohlen und dieser nach links oben blickt, bedeutet das nicht, dass er sich in dem Moment eine Lügengeschichte ausdenkt. Er könnte stattdessen überlegen, wie er seinem Chef erklärt, dass der Bürobedarf nur woanders gelagert wurde.

(1) Der Blick geht nach links oben

Neue visuelle Konstruktion, d.h. es werden neuartige Bilder vorgestellt, die noch unbekannt sind.

(2) Der Blick geht nach rechts oben

Erinnerung bekannter visueller Bilder, d.h. es werden Bilder vorgestellt, die man bereits gesehen hat.

(3) Der Blick geht in die Mitte links

Neue auditive Konstruktion, d.h. es werden neue Töne oder Geräusche vorgestellt, die noch unbekannt sind.

(4) Der Blick geht starr geradeaus

Visualisierung, d.h. es ist unklar, ob ein Bild erinnert oder neu konstruiert wird.

(5) Der Blick geht in die Mitte rechts

Auditive Erinnerung, d.h. man erinnert sich an Töne oder Geräusche, die bekannt sind.

(6) Der Blick geht nach links unten

Kinästhetische Empfindung, d.h. es werden Gefühle wahrgenommen.

(7) Der Blick geht nach rechts unten

Innerer Dialog, d.h. das Gegenüber lauscht gerade seiner Inneren Stimme.

6. Die Change History Technik

Ziel: Lernen Sie aus Ihrer Vergangenheit

Bei der Change History Technik geht es nicht darum, seine Vergangenheit noch einmal wiederzubeleben. Stattdessen wird die Erinnerung zu bestimmten Anteilen umgeschrieben. So kann sie nicht mehr für eine Blockade in der Gegenwart sorgen. Denn häufig können Menschen ihre negativen Erfahrungen nicht verarbeiten und leiden ein Leben lang darunter, zum Beispiel indem sie immer wieder auf dieselbe problematische Art und Weise auf einen Reiz reagieren. Dabei kann von einem inneren Kind gesprochen werden.

Ein inneres Kind ist eine Momentaufnahme eines früheren Zustandes, die in späteren Lebensjahren noch immer vorhanden ist. Innere Kinder besitzen nicht die Erfahrung der Person selbst, sondern sind in ihrer Zeit gefangen. Das Kind benötigt allerdings Zuwendung und Verständnis. Es darf nicht bestraft werden, wenn es sich mit seinen für Ihre Ansprüche unüberlegten Verhaltensweisen durchsetzt. Arbeiten Sie mit Ihren inneren Kindern zusammen und nehmen Sie sie an! Sie werden sehen, dass es sich lohnt.

Vorwissen: Unsere Erlebnisse werden in unserem Gehirn gespeichert. Dabei ist es unerheblich, was tatsächlich geschehen ist. Es zählt nur, wie der Betroffene das Geschehene selbst wahrgenommen hat. Vielleicht haben Sie diese Eigenschaft der Erinnerung bereits selbst entdeckt. Unter Geschwistern kommt es oft vor, dass der eine bestimmte Situationen aus der gemeinsamen Kindheit völlig anders beschreibt und interpretiert als der andere. Haben Sie dies auch schon erlebt? Die Rede ist von individuellen Versionen eines Erlebnisses. Diese werden auch internale Repräsentation genannt. Gehirnforscher haben entdeckt, dass wir Menschen diese internalen Repräsentationen immer wieder unbewusst verändern, da sie ein Teil unserer Persönlichkeit werden, die ja auch einem ständigen Wandel unterliegt. Diese Eigenschaft können Sie sich zunutze machen.

Legen Sie Ihre Aufmerksamkeit auf neue Details des Geschehens, ändern Sie Ihre angehafteten Emotionen oder deuten Sie das Erlebte völlig neu. Dies schaffen Sie mithilfe der Change History Technik. Die Technik kommt besonders gut zur Entfaltung, wenn eine Person die andere anleitet. Sie können es auch alleine versuchen, sofern Sie kein Traumapatient sind. Wie finden Sie also Ihr inneres Kind und schaffen es zusätzlich, dass Sie Ihr Verhalten langfristig ändern?

(1) Problem eingrenzen

Damit die Technik zum größtmöglichen Erfolg führt, muss deutlich sein welches Gefühl durch welche Erinnerung ausgelöst wird und zu dem ungewünschten Verhalten führt. Klären Sie alle Einzelheiten ab und bestimmen Sie ein festes Ziel, zum Beispiel mithilfe der SMART-Technik. Setzen Sie anschließend einen Problemanker.

(2) Ankern im Hier und Jetzt

Sorgen Sie dafür, dass sich die Person im Hier und Jetzt befindet und sich nicht in Erinnerungen verliert. Dies erreichen Sie zum Beispiel, indem Sie sie ihre Sinne einsetzen lassen.

(3) Assoziation

Gleiten Sie am Problemanker in die Vergangenheit zurück. Finden Sie immer weiter zurückliegende Stationen im Leben, in denen das Problem präsent war. Gehen Sie soweit in die Vergangenheit zurück, bis Sie die Situation finden, in der das Problem zum ersten Mal aufgetreten ist.

(4) Das innere Kind

Hier spüren Sie nun das innere Kind auf. Seien Sie aufmerksam, denn manchmal ist es nicht so leicht zu entdecken. Wenn Sie es gefunden haben, sprechen Sie es vorsichtig, aber wohlwollend an. Begrüßen Sie es mit freundlichen und offenen Worten. Seien Sie ihm ein Freund. Das innere Kind muss anschließend mit allen Dingen versorgt werden, die es braucht. Vielleicht ist das Liebe, Aufmerksamkeit, Sicherheit oder Trost. Vielleicht erklären Sie ihm auch geduldig, wie es anders reagieren kann, wenn es sich wieder sehr unwohl fühlt. Geben Sie ihm alles, damit es in Zukunft in Frieden leben kann. Sie können das innere Kind auch mit Ressourcen versorgen, die es selbst eigentlich nicht bräuchte, die aber für einen Anwender sehr nützlich sind. Denn die Ressource wird sehr tief verankert, weshalb sie eine starke Wirkung entfaltet.

7. Die Walt-Disney-Strategie

Ziel: Steigerung der Kreativität, zunehmende Umsetzungsfähigkeit von erfolgsversprechenden Visionen, Förderung der Fähigkeit, eine bestimmte Frage aus unterschiedlichen Perspektiven zu betrachten

Diese Technik wurde nicht nur nach Walt Disney benannt, sondern er war auch der erste, der die Technik in seinen Grundzügen anwendete. Allerdings war es Robert Dills, der während der neunziger Jahre die Strategie in seine heutige Form brachte.

Die Disney-Strategie kann alleine, mit einer Anleitungsperson oder in einer Gruppe von drei oder vier Personen umgesetzt werden. Es werden vier Rollen erschaffen. Diese können Sie entweder ganz allein übernehmen oder jeder in der Gruppe erhält eine eigene Rolle. Die Rollen sind: Der Visionär, der Realist und der Kritiker. Eine vierte Rolle könnte eine Meta-Figur sein, die die anderen drei Rollen betrachtet und sie wohlmeinend korrigiert. Die Meta-Figur kann daher auch gut vom Anleiter übernommen werden.

Sind die Rollen verteilt, beginnen sie ein Gespräch zu einer konkreten Fragestellung. Daher wird auch ein bestimmtes Ziel benötigt. Zur Verdeutlichung wählen wir das Beispiel, dass eine Person, die noch keine Erfahrung darin hat, das Reiten lernen möchte. Zu diesem festgelegten Thema ("Ist es sinnvoll, das Reiten zu lernen?") führen die Rollen nun eine Diskussion. Dabei gehen alle Rollen strikt vor, der Visionär äußert also wirklich nur seine Wünsche und Ideen, ohne Rücksicht auf das Erreichbare zu nehmen. Der Realist hingegen kritisiert nicht, sondern äußert wahre Fakten. Kritik übernimmt allein der Kritiker. Dieser darf und soll sehr ehrlich seine Gedanken äußern und Fehler oder Schwachstellen identifizieren. Doch behalten Sie im Auge, dass der Visionär die verletzlichste Rolle inne hat. Das Beispiel könnte so ablaufen:

Visionär: Ich möchte das Reiten erlernen.
Realist: Dafür ist eine Reitschule nötig.
Kritiker: Das Reiten ist aber sehr gefährlich.

Anmerkung: Jede Rolle handelt also spezifisch. Der Visionär nennt seinen Traum, der Realist fügt hinzu, was dafür eigentlich nötig ist und der Kritiker äußert alle auftretenden Bedenken. Doch hier beginnt die Übung erst. Denn nun antwortet der Visionär auf den Kritiker, worauf dann wieder der Realist antwortet und so weiter. Dies wird so lange wiederholt, bis der Kritiker verstummt, weil er keine Argumente mehr bringen kann.

Visionär: Das Reiten ist zwar gefährlich, aber ich kann mich schützen.
Realist: Dafür brauchst du einen Helm.
Kritiker: Der kostet aber viel Geld.

Visionär: Wenn ich spare, kann ich mir einen Helm leisten.
Realist: Du kannst eine Weile auf das Essengehen ins Restaurant verzichten.
Kritiker: Vielleicht nimmt dein Reitlehrer sich nicht die Zeit, dir alles zu zeigen.

Visionär: Ich werde mir mehrere Reitschulen genau ansehen.
Realist: Dafür kannst du als ersten Schritt Bewertungen im Internet lesen.
....

Das Gespräch kann je nach Komplexität des Themas viel Zeit einnehmen. Sinnvoll ist es, wenn Sie sich währenddessen Notizen machen oder das ganze Gespräch aufzeichnen. So können Sie auch später noch auf Kritik und Gegenargumente zurückgreifen. Sie werden während der Übung Schwierigkeiten herausarbeiten, die bei einer Umsetzung des eigentlichen Ziels auftreten könnten. Lassen Sie den Visionär aber nicht so schnell aufgeben. Seine Aufgabe ist es, grenzenlos zu träumen. Dies fördert zusätzlich Ihren Sinn für Kreativität, auch wenn der Kritiker diese Dinge stets schon im Ansatz negiert. Der Realist ist übrigens als Verbündeter des Visionärs zu sehen, er arbeitet eng mit ihm zusammen und versucht aufzuzeigen, wie der Traum realisiert werden kann. Realisten sind immer das Bindeglied zwischen Visionär und Kritiker, quasi ein "Puffer". Daher darf der Kritiker niemals direkt auf den Träumer antworten.

Wenn Sie feststellen, dass die Disney-Strategie nicht zu funktionieren scheint, werfen Sie einen genauen Blick auf Ihre Rollen: Ist der Kritiker auch fair? Ist der Visionär unbemerkt zum Realisten geworden? Der Visionär darf sich erträumen, was immer er möchte. In diesem Beispiel könnte er auch etwas Verrücktes sagen: "Am liebsten würde ich sogar auf einem Einhorn reiten!" Der Realist negiert diesen Wunsch natürlich sogleich, indem er freundlich darauf hinweist, dass Einhörner nicht existieren. Ein solcher Ausschlag des Gesprächs fördert Ihre Kreativität ungemein, auch wenn es prinzipiell nicht dem eigentlichen Erreichen des Ziels hilft. Der Visionär sollte aber immer versuchen, den Kritiker zu überzeugen.

8. Die Swish-Technik

"Swish", diese englischsprachige Lautmalerei bezeichnet nichts anderes als "weg wischen". Damit ist nicht der Kaffeefleck auf dem Schreibtisch gemeint, sondern ein Verhalten, dass Sie gerne ablegen möchten. Mit Swish legen Sie es nicht nur beiseite, sondern etablieren zusätzlich eine neue, hilfreiche Verhaltensweise an der somit freigewordenen Stelle. Das Verhalten, dass Sie weg wischen möchten, darf zwar problematisch, aber nicht extrem schwerwiegend für den Anwender sein. Die Swish-Technik eignet sich daher eher für schlechte Angewohnheiten, wie Nägel kauen oder im Bett liegen bleiben, obwohl der Wecker bereits zweimal geklingelt hat. Swish führen Sie vorzugsweise auf dem folgenden Weg durch:

(1) Problem eingrenzen

Wie immer müssen Sie sich als erstes zu 100 Prozent sicher sein, was genau das Problemverhalten oder die schlechte Angewohnheit ist. Tipp: SMART oder SCORE hilft beim Ziele setzen!

(2) Alternative bereitstellen

Wo Sie mithilfe von Swish eine Angewohnheit entfernen, müssen Sie auch wieder eine neue Verhaltensweise etablieren. Überlegen Sie sich, was in Zukunft anders sein soll. Möchten Sie das Nägel kauen durch eine wöchentlich geplante Pflegeroutine ersetzen? Möchten Sie morgens direkt mit dem Wecker aufstehen, anstand sich vor dem Aufstehen immer noch dreimal umzudrehen? Überlegen Sie sich, was neu werden soll.

(3) Alternative visualisieren

Schließen Sie Ihre Augen und begeben Sie sich in einen Kinosaal (Sie erinnern sich, dass Sie dies auch in der Fast Phobia Cure Technik so handhaben). Nehmen Sie Platz, verdunkeln Sie den Saal und lassen Sie Bilder auf der

Leinwand erscheinen. Zunächst verbildlichen Sie Ihr unerwünschtes Verhalten. Vermutlich fällt Ihnen dieser Schritt sehr leicht. Sie können es auch als einen Film ablaufen lassen.

Anschließend beobachten Sie sich selbst dabei, wie Sie Ihr Wunschverhalten ausführen. Sehen Sie dabei zu, wie der Wecker klingelt. Wie Sie aufwachen, den Wecker ausschalten, sich sofort aufrichten, auf die Bettkante setzen, sich anziehen und das Bett machen. Seien Sie dabei detailliert! Fühlen Sie auch in Ihre Gefühle und Gedanken hinein, aber legen Sie Wert darauf, dass diese positiv sind. Setzen Sie das Setting Ihrer Vorstellung bewusst in Ihr eigenes Schlafzimmer, anstatt in ein Traumzimmer. Ziehen Sie Ihre Lieblingsbettwäsche und Ihren Lieblingsschlafanzug an. Achten Sie auf realistische Kleinigkeiten, aber gestalten Sie die Bilder stets attraktiv und ansprechend. Auch wenn Sie vielleicht ein eher chaotischer Mensch sind, könnte es Ihnen bei der Swish Technik helfen, wenn Ihr Schlafzimmer einen möglichst ordentlichen Zustand aufweist.

(4) Kommen Sie Ihrem unerwünschten Verhalten auf die Schliche

Jetzt dürfen Sie in die Rolle eines Detektivs schlüpfen und sich mit der Frage auseinandersetzen, warum Sie sich eigentlich so verhalten, wie Sie sich verhalten. Eine häufige Ursache für das Nägel kauen ist zum Beispiel innere Unruhe oder Unsicherheit. Wer morgens nicht aus dem Bett kommt, denkt beim Weckerklingeln vielleicht, dass er oder sie ja noch so viel Zeit an diesem Morgen hat. Hinterfragen Sie Ihre individuellen Ursachen. Aber vermeiden Sie es, sich selbst dafür zu verurteilen. Seien Sie stolz auf sich, dass Sie diesen Schritt gehen.

(5) Bilder gegenüberstellen

Extrahieren Sie aus Ihren beiden Filmen jeweils ein charakteristisches Bild. In Bezug zur Aufsteh-Problematik könnte das eine Bild Sie beim Schlafen zeigen und das andere, wie Sie neben Ihrem Bett stehen und sich strecken. Nun fügen Sie das Bild aus dem neuen Film ganz klein in eine Ecke des alten Bildes ein. Vergessen Sie nicht: Sie sitzen in einem bequemen Kinosessel und betrachten diese Bilder aus einer dissoziierten Position heraus.

(6) Swish

Betrachten Sie das Kino wie eine Art Touchscreen. Stellen Sie sich eine riesige

Hand vor, die das große Bild mit dem alten Verhalten blitzschnell verkleinert und anschließend das kleine Bild stark vergrößert. Sie können sich auch gerne ein Swish-Geräusch bei den Aktionen hinzudenken oder es vielleicht auch aussprechen. Diesen Vorgang wiederholen Sie nun einige Male. Zwischen jeder Wiederholung ist es nötig, dass Sie kurz abschalten. Klicken Sie die Bilder von der Leinwand und lassen Sie für einige Augenblicke die schwarze Leinwand auf sich wirken, ohne, dass in Ihnen ein neuer Gedanke entsteht. Dann rufen Sie wieder die beiden Bilder auf, wobei das alte Bild größer ist und führen Sie Swish durch.

9. Das Six-Step-Reframing

Ziel: Aussöhnung von konkurrierenden Persönlichkeitsanteilen mithilfe von Verhaltensänderungen

Schon Faust stellte für sich fest: "Zwei Herzen schlagen, ach! in meiner Brust!" Sicher kennen auch Sie das Gefühl, dass ein Teil in Ihnen ein Ziel, eine Vorstellung, einen Wunsch oder einen Gedanken hegt, der mit einem anderen Teil Ihrer selbst nicht im Einklang steht. Das faustsche Dilemma liegt darin, dass er einerseits ein unfassbares Begehren nach Wissen besitzt und andererseits feststellen muss, dass er in Anbetracht der riesigen Wissensberge einfach nichts wissen kann.

Ein modernes Dilemma, das in unserer Gesellschaft häufig auftritt, ist die Dissonanz zwischen dem Wunsch, mehr Sport zu treiben und einer zeitgleich auftretenden Demotivation, tatsächlich die Sportschuhe zu schnüren und zu trainieren. Ein anderes Dilemma kann auf das Rauchen bezogen werden: Während sich jemand seit langem wünscht, das Rauchen aufzugeben, sagt er sich doch immer wieder, dass es nicht schlimm sei zu rauchen und geht somit weiter der ungesunden Verhaltensweise nach.

Würde jemand solche Persönlichkeitsanteile in einem gedanklichen Dialog zum Gespräch bitten, würde er feststellen, dass die beiden Kognitionen nicht miteinander vereinbar sind. Die Theorie der verschiedenen Persönlichkeitsanteile wird im NLP sehr ernst genommen und als Teilemodell bezeichnet. Nicht integrierte Persönlichkeitsanteile führen in der Regel zu einem unbewussten Unbehagen, manchmal sogar zu einer stark belastenden inneren Zerrissenheit. Dies zeigt sich auch dann, wenn die Person noch gar nicht wahrgenommen hat, dass in ihr mehrere Anteile miteinander konkurrieren.

Im NLP wird daher versucht, diese Persönlichkeitsanteile aneinander heranzuführen und auszusöhnen. Dies führt zu einem angenehmeren Leben. Eine Technik, mit der dies geschehen kann, ist das Six-Step-Reframing. Dabei gilt es, eine positive Grundhaltung gegenüber der Persönlichkeitsanteile einzunehmen. Vermutlich ist in Ihnen immer ein Anteil stärker als der andere. Dies kann je nach Situation auch wechseln. Egal welcher der Anteile gerade "das Sagen hat": Arbeiten Sie heraus, welche gute Absicht hinter den jeweiligen Kognitionen steht!

Bei einem Raucher, der gerne Nichtraucher wäre, aber sein Verhalten immer wieder mit der vermeintlichen Harmlosigkeit rechtfertigt, könnte folgende gute Absichten entdecken:

* Der Wunsch, weiter zu rauchen, dient als Möglichkeit, leichter mit anderen Menschen in Kontakt zu treten. Die gute Absicht ist die Vermeidung von Einsamkeit und somit der Erhalt der seelischen Gesundheit.
* Der Wunsch, mit dem Rauchen aufzuhören, soll Raucherkrankheiten vermeiden und den Geldbeutel schonen. In diesem Fall ist die gute Absicht also der Erhalt der körperlichen Gesundheit sowie der finanziellen Mittel.

Wie Sie sehen können, agieren beide Anteile jeweils durch gute Absichten. Dies lässt sich auch auf das Sportbeispiel übertragen:

* Der Wunsch, Sport zu machen, entsteht dadurch, dass jemand noch viele Jahre jung und fit bleiben möchte. Die gute Absicht ist der Erhalt der Gesundheit.
* Der Wunsch, doch lieber auf dem Sofa zu bleiben, entsteht dadurch, dass diese Person sich beim Sport weder verletzten noch blamieren möchte. In diesem Fall ist die gute Absicht der Schutz des Körpers und der Seele der Person.

Von Mensch zu Mensch können die Anteile durch unterschiedliche gute Absichten gesteuert werden. Doch grundsätzlich ist anzunehmen, dass in jedem Fall eine gute Absicht dahinter steht. Der Anteil an sich ist daher ein Freund, der es im höchsten Maße gut mit Ihnen meint! Machen Sie sich diese Tatsache unbedingt bewusst. Die Schwierigkeit liegt allein darin, dass sich Absicht A nicht mit Absicht B vereinen lässt. Wie lösen Sie solch einschränkende kognitiven Dissonanzen also auf? Das Six-Step-Reframing wird klassischerweise in sechs Schritten durchgeführt. Sie können die Technik alleine durchführen, oder sich anleiten lassen.

(1) Klärende Bewusstmachung des Problems

Wie bei fast jeder NLP-Technik ist das Fundament der Lösungsstrategie die Identifizierung Ihres individuellen Problems. Arbeiten Sie heraus, welche Verhaltensweisen nicht miteinander im Einklang stehen und nennen Sie das Problem beim Namen. Entscheiden Sie sich: Welches Verhalten ist langfristig die bessere Wahl für Sie? Vielleicht stellen Sie an dieser Stelle fest, dass Sie bisher keine geeignete Alternative anbieten können. Dann müssen Sie sich zunächst auf die Suche danach machen. Beachten Sie, dass Sie die Persönlichkeitsanteile nicht kritisch beäugen oder sie gar als schlecht bewerten! Bleiben Sie neutral und betrachten Sie die Fakten aus einer rein sachlichen Perspektive. Tipp: Machen Sie sich zu diesem und anderen Schritten Notizen.

(2) Nehmen Sie einen wohlmeinenden Kontakt auf

Jedes Verhalten liegt einer guten Absicht zugrunde, dies wurde bereits weiter oben erläutert. Treten Sie daher in eine positive Kommunikation mit Ihrem Anteil. Begrüßen Sie ihn auf eine freundliche und offene Art, nehmen Sie es als Persönlichkeitsanteil wahr.

(3) Führen Sie einen Dialog

Seien Sie neugierig und stellen reichlich Fragen zu den Beweggründen Ihres Verhaltens. Wenn Sie die gute Absicht herausgefunden haben, bedanken Sie sich ruhig! Vergessen Sie nicht: Ihr Verhalten meint es gut mit Ihnen. In jedem Fall!

(4) Neue Wege gehen

Schlagen Sie dem Persönlichkeitsanteil vor, für einen festgelegten Zeitrahmen seinen Platz durch ein anderes Verhalten einnehmen zu lassen. Dieses spezielle Verhalten bekommt stattdessen einen neuen Platz, wo es viel mehr Gutes ausrichten kann. Beispiel Rauchen: Das Verhalten agiert auf die Art, weil es Sie in Kontakt mit anderen Menschen bringt. Sie können es aber besser an einer anderen Stelle einsetzen: Sie könnten Kontakt zu Nichtrauchern aufnehmen. Oder völlig unabhängig vom Rauchen ein neues Hobby aufnehmen, dass Sie nur mit einer oder mehreren Personen durchführen können (wie

Mannschaftssport, VHS-Kurse, Gruppenausflüge, gesellschaftliches Ehrenamt). Klären Sie den Persönlichkeitsanteil auch darüber auf, welcher andere Anteil das Verhalten für eine Testphase ersetzen soll. Seien Sie dankbar, wenn Ihr Persönlichkeitsanteil bereit dazu ist.

(5) Konferenz der Persönlichkeitsanteile

Dieser Schritt wird manchmal auch als Ökologiecheck bezeichnet. Inhalt ist, dass Sie alle Persönlichkeitsanteile, die mit diesem Verhalten verbunden sind, in einen Dialog bringen. Lassen Sie alle Teile fair zu Wort kommen und arbeiten Sie heraus, ob die gefundene Lösung mit allen Teilen vereinbar ist. Wenn ja: Gehen Sie zum nächsten Schritt über. Wenn nicht, müssen Sie weitere Lösungen finden.

(6) Vertrag abschließen

Damit Ihre Vereinbarungen fest sind und sich kein Anteil später betrogen fühlt, sollten Sie die Abmachungen auch sehr ernst nehmen. Sie können dies gerne tatsächlich schriftlich festhalten, wenn Ihnen das hilft. Beachten Sie jedoch, dass die Abmachung erst mal nur auf Zeit ist. Legen Sie eine Testfrist von rund einem Monat fest. In dieser Zeit halten Sie sich strikt an die Abmachung und kommen anschließend zu einer neuen Runde zusammen, in der erörtert wird, ob die Änderungen allen Anteilen geholfen haben.

Das Six-Step-Reframing funktioniert am besten, wenn alle Teile freiwillig mitmachen. Unter Zwang werden Sie nichts erreichen. Sollte sich ein Anteil beharrlich weigern, Änderungen zuzulassen, haben Sie vermutlich noch keine gute Alternative für das zu ersetzende Verhalten oder für die neue Aufgabe gefunden. Die Persönlichkeitsanteile sind manchmal zwar störrisch, aber auf ihrem jeweiligen Gebiet Meister. Hören Sie daher genau zu, wenn Ihre Pläne von einem Persönlichkeitsanteil kritisiert werden. Für gewöhnlich sind die Anteile im höchsten Maße vernünftig und gesprächsbereit. Nichtsdestotrotz sollten Sie im Auge behalten, dass Ihr Bewusstsein als Ganzes stets die Oberhand über alle Anteile hat und behalten muss. Wenn es sich bei Beschwerden also nur um kleine Unstimmigkeiten oder Lustlosigkeit handelt, müssen Sie ein Machtwort sprechen und sich durchsetzen.

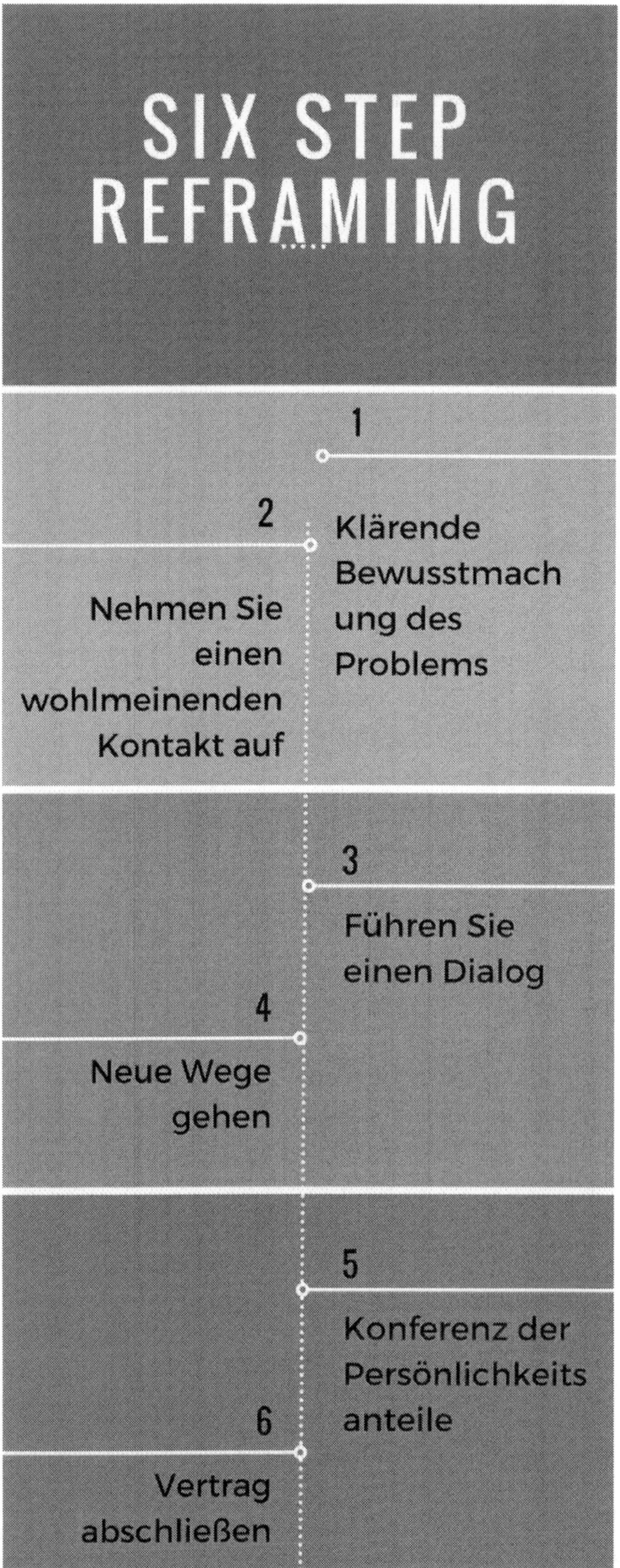
SIX STEP REFRAMIMG
1
Klärende Bewusstmachung des Problems
2
Nehmen Sie einen wohlmeinenden Kontakt auf
3
Führen Sie einen Dialog
4
Neue Wege gehen
5
Konferenz der Persönlichkeitsanteile
6
Vertrag abschließen

10. Die Technik der emotionalen Freiheit

Ziel: Linderung von Stress und psychischen Störungen aller Art

Die Technik der emotionalen Freiheit, bzw. die Emotional Freedom Technique (im folgenden EFT genannt) ist eine Kombination aus NLP, energetischer Psychologie, Meridianlehre, bzw. Akupressur und Kinesiologie. Die Grundlagen stammen aus der traditionellen chinesischen Medizin. Durch den US-Amerikaner Gary Craig wurde die Technik in ihre heutige Form gebracht. Die Grundannahme der EFT liegt auf einem unterbrochenen Energiefluss im Körper des oder der Betroffenen. Diese Störung begünstigt die als negativ empfundenen Emotionen. Die Behandlung befasst sich also damit, den Energiefluss wieder herzustellen. Dies wird erreicht, indem spezifische Meridian-Punkte aktiviert werden (z.B. durch klopfen oder massieren), während der oder die Betroffene seine Aufmerksamkeit auf das Problem lenkt. Die Meridiane befinden sich am Kopf, am Oberkörper sowie an den Händen.

Die EFT kann unter anderem bei diesen Störungen Anwendung finden: Stress, Nervosität, Erregungszustände, Ängste, Phobien, Panikattacken, Traumata, Posttraumatische Belastungsstörungen, Tics, psychosomatische Symptome, Allergien sowie bei starken als unangenehm empfundenen Gefühlszuständen (Wut, Neid, Schuld, Eifersucht, u.a.). Achtung: Bei sehr schwerwiegenden seelischen Störungen, zum Beispiel bei Traumata, sollte EFT nur durch gut ausgebildete Personen durchgeführt werden. Durch das Auflösen von Energieblockaden können unbewusste Gefühle frei werden, die gegebenenfalls professionell aufgefangen werden müssen. Zudem lohnt sich in diesen Fällen eine Einführung in die Achtsamkeitslehre, damit der oder die Betroffene gravierende Stimmungsschwankungen rechtzeitig bemerkt und den Klopfer darauf aufmerksam machen kann.

Die Wirkung von EFT wurde bis heute (Stand Anfang 2016) noch nicht wissenschaftlich belegt. Da viele Anwender jedoch von einer positiven Wirkung berichten und keine Schäden durch das EFT auftreten, lohnt sich der Versuch aber in jedem Fall. Manchmal funktioniert die Technik auch nicht gleich beim ersten Versuch. Geben Sie aber nicht gleich auf: Manchmal funktioniert sie nach einigen Stunden oder Tagen sehr gut. Das EFT können Sie allein oder mit einem Partner durchführen, der die Aufgabe des Klopfens übernimmt. Die Durchführung zu zweit ist empfehlenswert.

So gehen Sie vor (Achtung: In der Anleitung finden Sie die Klopfstellen vorrangig auf der linken Körperseite. Es steht Ihnen aber frei, die Punkte stattdessen rechts oder sogar beidseitig abzuklopfen. Standardgemäß wird allerdings die linke Seite beklopft):

(1) Konkretisieren Sie das Problem

Welche Störung belastet Sie? Hören Sie genau in sich hinein und nennen Sie das Problem beim Namen. Wie schwer wiegt das Problem?

(2) Akzeptieren Sie das Problem

Seien Sie sich selbst ein Freund. Dieser Punkt ist sehr wichtig, denn schon allein durch diesen Gedanken verliert das Problem an Gewicht. Zudem werden die Energiebahnen dadurch nicht weiter blockiert. Formulieren Sie nun ein "Mantra". Es besteht aus zwei Teilen: 1. Das Problem an sich und 2. Ihre Akzeptanz des Problems. Beispiel für ein solches "Mantra": "Ich akzeptiere mich mit meinen Panikattacken." Tun Sie dies, auch wenn es Ihnen schwer fällt.

(3) Beginn der Akupressur

Auf Ihrer rechten Brust, etwa zwei bis drei Zentimeter nahe der Achsel befindet sich ein Meridianpunkt. Tasten Sie vorsichtig diese Stelle ab und suchen Sie dort nach dem Punkt, der etwas empfindlicher ist, als der Rest Ihrer Brust. Falls Sie zu Zweit arbeiten, markieren Sie die Stelle. Anschließend massieren Sie den Punkt vorsichtig mit der linken Hand, oder Sie lassen massieren. Kreisen Sie im Uhrzeigersinn. Dabei sagen Sie Ihr "Mantra" auf. Wiederholen Sie es drei Mal.

(4) Es folgt das Klopfen

Nun werden nacheinander verschiedene Klopfpunkte an Hand, Brust und Kopf abgeklopft. Der oder die Betroffene wiederholt dabei mit geschlossenen Augen eine abgekürzte Version des "Mantras", das sich nur auf das Problem bezieht. In unserem Beispiel könnte es lauten: "...meine Panik, ...meine Panik, ... meine Panik". Sprechen Sie langsam und unterbrechen Sie den Vorgang nicht, solange weiter geklopft wird, aber vergessen Sie dabei das Atmen nicht. Der Klopfer klopft jeden Punkt bis zu acht Mal ab und achtet auf Sanftheit (Schmerzen sollten nicht entstehen). Die Klopfpunkte finden Sie an folgenden Stellen:

* An der linken Brust: direkt mittig unter dem Brustansatz, auf selber Höhe an

der Seite zwischen Arm und Brust, etwas unterhalb des Schlüsselbeinansatzes, wo sich eine flache Kuhle befindet
* Am Kopf: mittig in der Kuhle zwischen Unterlippe und Kinn, mittig zwischen Oberlippe und Nase, mittig unter dem linken Auge auf dem Knochen, links neben dem linken Auge, dort wo sich die Lachfältchen bilden, am Ansatz der Augenbraue, oben auf dem Kopf an seinem höchsten Punkt
* An der linken Hand: nacheinander an Daumen, Zeigefinger, Mittelfinger und kleinem Finger an der Stelle rechts unten unterhalb des jeweiligen Fingernagels, außerdem an der linken Seite der Hand direkt unter dem Gelenk, das die Handfläche mit dem kleinen Finger verbindet.

(5) Die abschließende Klopfrunde, Teil 1

Ist der letzte Punkt aus Punkt (4) abgeklopft, beendet der Nichtklopfer das Sprechen. Die Augen bleiben geschlossen und Kopf, Körper und Hände sind ruhig. Der aktive Part wendet sich nun einem speziellen Akupressur-Punkt auf der linken Hand zu: Der sogenannte Gamut-Punkt liegt auf dem Handrücken unterhalb der Gelenke von Ring- und kleinem Finger. Hier kann sogar von einer Fläche statt einem Punkt wie in den anderen Fällen gesprochen werden, denn er ist in etwa so groß wie die Fläche der Fingerkuppe des kleinen Fingers. Diesen können Sie einige Male beklopfen oder Sie bekreisen ihn einfach mit den Fingern.

(6) Die abschließende Klopfrunde, Teil 2

Der Klopfer beklopft, bzw. massiert weiter den Gamut-Punkt. Der Nichtklopfer öffnet nun seine Augen. Nun führt dieser eine Augenbewegungsabfolge inklusive Musikeinlage durch:

* Augen schließen
* Augen öffnen
* Blick nach links unten
* Blick nach rechts unten
* Langsames Kreisen der Augen im Uhrzeigersinn
* Langsames Kreisen der Augen gegen den Uhrzeigersinn
* Summen Sie einige Augenblicke eine Melodie
* Zählen Sie von 21 bis 26
* Summen Sie erneut

(7) Wiederholung

Führen Sie das Klopfen noch einige Male durch.

(8) Prüfen Sie den Erfolg

Hat sich nach mehrmaligem Klopfen der Punkte etwas in Ihnen verändert? Stellen Sie fest, dass Sie sich gelöster, freier und ungezwungener, ja sogar deutlich entspannter fühlen, als vor der Behandlung? Erinnern Sie sich daran, wie schwerwiegend Sie das Problem vor dem Prozess eingeschätzt haben und vergleichen Sie die beiden Zustände. Wenn Sie noch leichte Beschwerden feststellen können, können Sie noch einige Klopfrunden dran hängen. Denken Sie daran, dass das Klopfen vielleicht nicht bei jedem wirkt, aber schaden kann es auch nicht.

11. Pacing und Leading

Ziel: Rapport zu einem anderen Menschen herstellen

Das Pacing wird auch Anpassen oder Spiegeln genannt. Es beruht auf dem einfachen Prinzip, dass sich sympathische Personen in ihrer Körpersprache aneinander angleichen. So gehen gute Freunde oft im gleichen Takt, sie wenden sich beim Gespräch einander zu, benutzen die gleichen Worte und nehmen eine ähnliche Körperhaltung ein. Sie besitzen also einen Draht zueinander, den aufmerksame Beobachter leicht wahrnehmen können. Dieser Draht wird im NLP Rapport genannt. Es gilt, diesen zu einem Menschen herzustellen, mit dem Sie langfristigen Kontakt aufbauen oder erhalten möchten. Durch diesen Draht gelingt es Ihnen nämlich, sich in die "Welt" Ihres Gesprächspartners zu bewegen. Als Lohn erhalten Sie schnell Vertrauen zu der Person und können so gemeinsam Ziele erreichen. Das Vertrauen darf aber nicht ausgenutzt werden. Damit schaden Sie anderen Menschen sehr!

Pacing heißt, dass Sie das Verhalten nicht nur wahrnehmen, sondern es mit Ihrem eigenen Verhalten spiegeln. Damit dies gelingt, muss der Anwender eine gute Auffassungsgabe besitzen und in seinem Verhaltensweisen flexibel sein. Das Pacing kann nach verbalen oder logischen Kriterien durchgeführt werden. Dabei werden zunächst bestimmte Muster beim Gegenüber erkannt.

* Das verbale Pacing umfasst den allgemeinen Wortschatz (benutzt das Gegenüber eher einfache oder komplexe Wörter?), den spezifischen Wortschatz (benutzt es besonders herausstechende oder emotional behaftete Wörter?), das tatsächlich Gesagte, das Sprechtempo sowie die Lautstärke, etc.

* Das logische Pacing umfasst: die Kleidung, den Schmuck, die Mimik (z.B. Stirnrunzeln, Lippen pressen), Gestik (z.B. mit dem Fuß wippen oder die Beine übereinander schlagen), die Atmung, alle Fähigkeiten und Meinungen, die Werte, die Zugehörigkeit zu besonderen Gruppen, etc.

Anschließend nehmen Sie das Verhalten selbst an. Sie können zum Beispiel ein emotional behaftetes Wort übernehmen, anstatt ein häufiger von Ihnen genutztes Synonym zu verwenden. Wenn Ihr Gegenüber öfter "richtig ranklotzen" sagt, sagen Sie also nicht "hart arbeiten". Aber legen Sie Wert darauf, dass Sie Ihrem Gesprächspartner durch scharfe Betonung nicht vor den Kopf stoßen.

Beim Pacing können Anfänger in einige Fallen tappen. So eignen sich einige Signale besser für das Pacing als andere. Die Gestik eignet sich zum Beispiel eher schlecht für das zeitgleiche Spiegeln. Denn dies führt in der Regel zu unangenehmen Gefühlen. Stellen Sie sich vor, jemand unterstreicht seine Leidenschaft für ein Hobby, indem er die Hände zum Herz formt. Wenn Sie dann im Anschluss von Ihrer eigenen Leidenschaft berichten und Ihre Empfindungen mit derselben Geste unterstreichen würden, könnte dies ein Gefühl von "Ich werde hier gerade veräppelt" auslösen. Vertrauen aufbauen ist so aber nicht möglich. Ihr Hauptaugenmerk muss also auf der Authentizität liegen.

Die Atmung kann stattdessen sehr gut gepacet werden. Dazu können Sie auf verschiedene Zeichen achten, z.B. die Hebung des Brustkorbs, Atempausen während des Sprechens, etc. Meistern des Pacings gelingt es sogar, dies mithilfe von Pulspunkten zu erkennen. Darunter können Sie sich die Stellen auf der Haut vorstellen, an denen der Puls gut sichtbar ist. Dies könnte zum Beispiel am Handrücken oder am Hals möglich sein. Bei Personen mit einem starken Herz schwingen sogar die Beine ganz leicht im Puls mit. Achten Sie doch einmal darauf! Ist der Puls schnell, ist die Atmung meistens auch schnell. Der Puls erlaubt also weitere Rückschlüsse auf die Atemfrequenz. Die Atmung zu pacen ist eine Variante der Technik, die nur sehr selten bewusst aufgedeckt wird. Meist gelingt dies nur solchen Menschen, die die Technik selbst gut kennen.

Nachdem Sie mithilfe des Pacings den Rapport hergestellt haben, können Sie zum Leading übergehen. Das bedeutet in etwas einfacheren Worten, dass Sie dank der Spiegeltechnik Vertrauen durch Ihr Gegenüber genießen und ihn anschließend an ein spezielles Ziel heranführen. Das Ziel sollte selbstverständlich Ihnen beiden dienen, oder zumindest Ihrem Partner nicht schaden. Die Technik eignet sich daher hervorragend für Chefs, Geschäftsführer, Vorgesetzte oder Eltern. Ein erfolgreiches Pacing macht Ihren Gesprächspartner viel offener für Vorschläge und Ideen. Setzen Sie das Pacing also so lange ein, bis der Rapport deutlich zu spüren ist. Sie setzen das Leading ein, indem Sie auf der verbundenen Ebene nun ganz kleine Änderungen des Verhaltens zu Ihnen selbst vornehmen. Dann werden Sie unbewusst selbst gepacet.

12. Unbewusste Befehle in die Kommunikation einbetten

Ziel: Gespräche lenken

Kommunikation ist ein elementarer Bestandteil im NLP. Mithilfe von unbewussten Befehlen, die Sie auch als Informationen, Suggestionen oder Vorschläge bezeichnen können, gelingt es Ihnen, unauffällig eine Kommunikation zu steuern. Würden Sie diese bewusst einstreuen, erreichen Sie meist nicht die gewünschte Resonanz bei Ihrem Gegenüber. Streuen Sie hingegen unbewusste Botschaften ein, wirkt es auf Ihr Gegenüber, als wäre der Gedanke in ihm selbst gereift. Dazu setzt Ihr Gesprächspartner ganz unbewusst seine Vorstellungskraft ein. Im NLP gelten die folgenden drei Suggestionen als Standard:

(1) Was wäre, wenn?

Mit dieser Frage regen Sie die Vorstellungskraft Ihres Gesprächspartners an. Stellen Sie eine "Was wäre, wenn"-Frage, wird die Person in der Regel kurz innehalten und sich eine subjektive Antwort auf die Frage überlegen. Es findet sofort eine Veränderung im Kopf statt, nachdem Sie den Satz abgeschlossen haben. Beispiele für "Was wäre, wenn" sind unter anderem:

* Was wäre, wenn du es schaffst?
* Was wäre, wenn du deiner Kreativität einfach freien Lauf lässt?

(2) Negationen

Denken Sie jetzt bitte nicht an einen rosa Elefanten! Haben Sie nun kurz innegehalten und an einen rosa Elefanten gedacht? Tatsächlich reagieren die meisten Menschen auf diese Frage mit einer Visualisierung eines rosa Elefanten. Und das, obwohl sie gebeten wurden, gerade nicht an jenes merkwürdig coloriertes Tier zu denken. Würden Sie hingegen direkt bitten, jemand solle sich einen rosa Elefanten vorstellen, würden Sie möglicherweise erst einmal Skepsis ernten. Die Frage "Warum soll ich jetzt bitte an einen rosa Elefanten denken?" können Sie Ihrem Gegenüber dann bereits an der

Nasenspitze ansehen, ohne dass sie ausgesprochen wird. Was so merkwürdig klingt, ist inzwischen sogar durch viele Untersuchungen belegt worden. Dies können Sie sich zunutze machen, indem Sie schlichte Negationen in Ihre Sätze einbauen und so erwirken, dass Ihr Gegenüber ein ganz bestimmtes Bild in seinem Kopf entstehen lässt. Hier noch ein weiteres Beispiel für eine eingestreute Negation:

* Denken Sie jetzt nicht daran, was Ihnen diese Technik für Ihre Kommunikation bringen könnte!

(3) Zitate

Fast jeder bringt gelegentlich einmal ein Zitat in ein Gespräch ein, das haben Sie sicher auch schon bei anderen wahrgenommen. Sie können Zitate nutzen, um damit eine Aussage auf kurze und verknappte Weise direkt auf den Punkt zu bringen. Beispiel:

* Laut Einstein ist die Imagination wichtiger als das Wissen.

13. Das Chunking

Ziel: Flexibilität erhöhen, Kommunikation verbessern, Ziele erreichen

Chunking - dieser Begriff stammt ursprünglich aus dem IT-Bereich. Er beschreibt die Unterteilung von Informationen in mehrere Einheiten. Beim Chunking wird in drei Kategorien unterschieden:

(1) Chunking up

Informationen werden hierbei vom Speziellen ins Allgemeine gebracht. Sie können dazu sogar eine Chunking-Up-Reihe erstellen. Die könnte zum Beispiel so aussehen:

* Wort -> Satz -> Text -> Buch -> Bibliothek -> Bildung
* Wandern -> Sport -> Hobby -> Interesse -> Aufgeschlossenheit
* Gurke -> Salat -> Gesunde Ernährung -> Verantwortungsbewusstsein
* Kommunikation verbessern -> Zugang zu Menschen bekommen -> Teil der Gemeinschaft sein -> Akzeptiert werden

Das Chunking up ist unter anderem dann für Sie hilfreich, wenn Sie Ihre Ziele definieren möchten, aber nicht genau wissen, was genau Sie eigentlich anstreben, weil Sie den Gesamtkontext nicht ausmachen können. Oder dann, wenn Sie einfach einen besseren Überblick über eine Einzelheit erhalten möchten. Manchmal ist das Chunking up angemessen, wenn Sie ein Detail ungern preisgeben möchten. Nehmen wir an, Sie hören unheimlich gerne Helene Fischers Musik. Von Ihrem Gesprächspartner wissen Sie aber, dass er diese Art Musik nicht ausstehen kann. Wenn er Sie also fragt, was Sie abends so machen, antworten Sie nicht, dass Sie die neue Helene Fischer CD hören. Stattdessen chunken Sie Ihre Leidenschaft auf eine höhere Ebene, sodass Ihr Gegenüber nicht durch Ihre Aussage irritiert ist. Eine gute Antwort wäre: "Ich höre gute Musik."

Durch das Chunking up können Sie zudem ein langfristiges Ziel in kleinere

Zwischenziele einteilen. Nehmen wir an, Sie möchten Ihren Beruf ändern. Derzeit arbeiten Sie als ungelernte Hilfskraft an einer Tankstelle. Ihre Zielskala könnte so aussehen:

* Hilfskraft an Tankstelle -> Abitur nachmachen -> Studium abschließen -> Stelle als ... finden

Sie können Ihre Zwischenziele auch genauer definieren:

*Hilfskraft an Tankstelle -> Auf Teilzeit gehen -> An Abendgymnasium anmelden -> etc. ...

(2) Chunking down

Das Chunking down ist das Gegenteil des Chunking ups. Hier werden Begriffe vom Allgemeinen ins Spezielle gebracht. Hier einige Beispiele zur Verdeutlichung:

* NLP -> Technik -> Chunking -> Chunking down -> Ziele präzisieren
* Schule -> Sprachwissenschaft -> Deutsch -> Grammatik -> Begabung
* Fahrzeug -> motorbetrieben -> PKW -> BMW

Nutzen Sie das Chunking down, wenn Sie von einer präzisen Benennung eines Umstandes profitieren können. Dies kann ebenfalls bei der Zielsetzung sinnvoll sein, zum Beispiel, wenn Sie zwar wissen, dass Sie immer schon Schwierigkeiten hatten, mit dem anderen Geschlecht anzubandeln, aber Ihnen nicht klar ist, welche Barriere Sie eigentlich einschränkt. Präzision ist auch im Berufsalltag wichtig. Wenn Sie einem Mitarbeiter erklären möchten, welche Aufgabe er noch erledigen muss, profitieren Sie im höchsten Maße davon, sich möglichst genau auszudrücken.

(3) Chunking sideways

Beim seitwärts chunken müssen Sie weder verallgemeinern, noch präzisieren. Hier kommt es darauf an, gute Vergleiche zu finden. Damit erreichen Sie, dass Sie besser von anderen Personen verstanden werden. Außerdem lässt sich die Technik hervorragend beim Kennenlernen einsetzen, sofern Sie nicht wissen, was Sie sagen sollen. Wenn Ihr Gesprächspartner Ihnen zum Beispiel mitteilt, dass er oder sie gerne Kaffeespezialitäten genießt, könnten Sie antworten, dass Sie das an einen wundervollen Nachmittag in Rom erinnert.

14. Das Meta-Modell und seine Fragetechniken

Ziel: Auflösen von behindernden Grundannahmen und Geisteshaltungen, Kommunikation verbessern

In unserem täglichen Denken und Sprechen passiert es immer wieder, dass wir Formulierungen benutzen, die sich unbewusst negativ auf unser Seelenbefinden auswirken oder die so unspezifisch sind, dass wir nicht erkennen können, welche Absicht oder Annahme dahintersteht. Das Meta-Modell erklärt in verschiedenen Kategorien, welche Ebenen dabei in Frage kommen. Die Fragetechniken lösen Unklarheiten oder decken schädliche Grundannahmen auf. Mit den Ergebnissen können Sie dann bewusst gegensteuern. Das Meta-Modell besteht aus den drei Ebenen Verallgemeinerungen, Tilgungen und Verzerrungen. Jede Ebene besitzt gleich mehrere Untereinheiten, die sich anhand von Schlüsselbegriffen erkennen lassen.

(1) Verallgemeinerungen (auch: Generalisierungen)

(1.1) Universalquantoren

Eine Person setzt eine individuelle Erfahrung in eine Regel ein. Diese gilt immer und überall.

* Schlüsselbegriffe: man, alle, jeder, überall, immer, nie, keiner, niemand, grundsätzlich, ständig, absolut
* Fragetechniken: Wer genau? Wirklich jeder/keiner/niemand? Tatsächlich immer/überall/grundsätzlich?

* Beispiel: Immer vergisst mein Freund mich zurückzurufen!
* Frage für das Beispiel: Hat dein Freund dich wirklich noch nie zurückgerufen? Nicht einmal?

(1.2) Verallgemeinernder Referenzindex

In dieser Einheit geht es um spezifische Gruppen, denen mit einer Kategorisierung begegnet wird. Häufig liegen dem Referenzindex eigene, meist negative Erfahrungen zugrunde, oft werden aber auch andere Meinungen ohne Hinterfragen übernommen. Im fortgeschrittenen Stadium werden zudem subjektive Einzelheiten hinzugedichtet, die aus der Perspektive des Sprechers logisch erscheinen.

* Schlüsselbegriffe: Die Frauen/Weiber, die Männer/Kerle, die Ausländer, die Deutschen, die Chefs, die Mitarbeiter, die Handwerker, die Paketbringdienste
* Fragetechniken: Wirklich alle? Kein einziger? Ausnahmslos?

* Beispiel: Handwerker ziehen einen immer über den Tisch!
* Frage für das Beispiel: Gibt es nicht einen einzigen Handwerker, der faire Rechnungen ausstellt? Nicht einer? Ausnahmslos?

(1.3) Modaloperatoren

In der Sprache wirken spezielle Verben oft befehlsartig oder sie legen dar, dass eine Notwendigkeit besteht. Dies ist in der Regel auch kein Problem - es sei denn, der Sprecher verzichtet darauf, zu erklären, warum es nicht anders geht.

* Schlüsselbegriffe: notwendig, wollen, müssen, sollen, nicht dürfen, können
* Fragetechniken: Warum? Warum nicht? Was wäre, wenn? Was würde geschehen, wenn?

* Beispiel: Ich darf nicht Nein sagen.
* Frage für das Beispiel: Was würde geschehen, wenn du trotzdem Nein sagst?

(1.4) Verlust des Performativs

Jemand erhebt eine Aussage, ohne zu verdeutlichen, woher die Aussage eigentlich stammt. Manchmal wird eine Person verschwiegen, die als Urheber in Frage kommt.

* Schlüsselbegriffe: Nicht einheitlich
* Fragetechniken: Nicht einheitlich

* Beispiel: Ein Indianer kennt keinen Schmerz!

* Frage für das Beispiel: Wer sagt, dass man keinen Schmerz empfinden dürfe?

(2) Tilgungen

(2.1) Einfache Tilgungen

In diesem Fall werden einzelne oder mehrere Informationen, die für die Sachlage von Bedeutung sind, verschwiegen.

* Schlüsselbegriffe: Nicht einheitlich
* Fragetechniken: Alle W-Fragen, zum Beispiel: Wer? Was? Worüber? Wann?

* Beispiel: Ich bin so wütend!
* Frage für das Beispiel: Worüber bist du so wütend?

(2.2) Unspezifische Verben

Unter diesen Abschnitt fallen alle Verben, die vom Sprecher nicht genauer erläutert werden und Unklarheiten zurücklassen.

* Schlüsselbegriffe: hoffen, leiden, trauern, träumen, sich sehnen nach, hassen, beneiden
* Fragetechniken: Wieder alle W-Fragen, zum Beispiel: Wer? Was? Worüber? Wann?

* Beispiel: Ich sehne mich so sehr nach Freiheit!
* Frage für das Beispiel: Wie sieht denn Freiheit für dich aus?

(2.3) Tilgung von Vergleichen

Ständig vergleichen Menschen bestimmte Informationen. Doch häufig bleibt unklar, womit der Vergleich genau stattfindet.

* Schlüsselbegriffe: Verben, die unterschwellig als Steigerung gemeint sind, zum Beispiel langsam - langsamer, schnell - schneller, wenig - weniger, gut - besser, schlecht - schlechter, schlau - schlauer, dumm - dümmer
* Fragetechniken: Wie was? Als was? Wozu? In welchem Zusammenhang?

* Beispiel: Ich bin einfach zu schlecht.
* Frage für das Beispiel: In Vergleich mit wem bist du zu schlecht?

(2.4) Fehlender Referenzindex

Es wird bei einer Aussage nicht mit angegeben, worauf sich das Gesagte eigentlich bezieht.

* Schlüsselbegriffe: Nicht einheitlich
* Fragetechniken: W-Fragen (zum Beispiel: Wer genau? Was genau?)

* Beispiel: Das ist unmöglich!
* Frage für das Beispiel: Was genau ist unmöglich?

(2.5) Nominalisierung

Verben oder Adjektive werden substantiviert, also in ein Hauptwort (Nomen) umgewandelt. Nomen sind für gewöhnlich anfassbar, zum Beispiel Tisch, Fenster, Boden. Bei nominalisierten Verben oder Adjektiven ist das aber nicht der Fall, sie "tun nur so, als ob" und besitzen eigentlich keine Bedeutung. Durch die Nutzung solcher Wörter verharmlost der Sprecher oft ein Problem. Er versucht also unbewusst, es zu entschärfen.

* Schlüsselbegriffe: Depression, Störung, Erfolg, Liebe, Ärger
* Fragetechniken: Alle W-Fragen (Wer? Wieso? Wie?)

* Beispiel: Zur Zeit zeichnet mich vor allem die Niedergeschlagenheit aus.
* Frage für das Beispiel: Wie fühlt sich die Niedergeschlagenheit an? Wo kommt sie her? Was macht sie für dich aus?

(3) Verzerrungen

(3.1) Prinzip von Ursache und Wirkung

Eine Person stellt die Behauptung auf, dass eine bestimmte Eigenschaft oder ein Verhalten einer anderen Person eine Eigenschaft oder ein Verhalten bei der Person selbst auslöst. Dabei wird nicht beachtet, dass auch andere Faktoren mit hinein gewirkt haben könnten.

* Schlüsselbegriffe: Wegen dir/Weil du/Durch dich ... passiert mir/bin ich/habe ich ...
* Fragetechniken: Welches Verhalten? Warum ist das so? Was genau löst das

aus? Außerdem die W-Fragen (zum Beispiel: Wer? Wie? Was?)

* Beispiel: Nur wegen dir geht es mir immer so schlecht!
* Frage für das Beispiel: Welches Verhalten löst die schlechten Gefühle in dir aus? Was kann das Gegenüber besser machen? Wie kannst du dich besser schützen?

(3.2) Umgekehrtes Prinzip von Ursache und Wirkung

In diesem Fall geht die Ursache immer von der Person selbst aus, sie steuert angeblich oder tatsächlich die Wirkung beim Gegenüber. Auch in diesem Fall werden Faktoren aus der sonstigen Umgebung häufig übersehen.

* Schlüsselbegriffe: Wegen mir/Weil ich/Durch mich ... passiert dir/bist du/hast du ...
* Fragetechniken: Welches Verhalten? Warum ist das so? Was genau löst das aus? Außerdem die W-Fragen (zum Beispiel: Wer? Wie? Was?)

* Beispiel: Wegen mir ist sie immer so gestresst.
* Frage für das Beispiel: Was genau an dir löst den Stress in ihr aus? Ist das auch sicher?

(3.3) Lesen von Gedanken

Viele Menschen sind sich sicher zu wissen, was andere Personen von ihnen denken oder allgemein für Vorstellungen von der Welt haben. Hierbei wird im Extremfall nicht einmal ein Wort mit der Person geredet. Die Ansichten werden aus Blicken, Mimik oder Gestik heraus interpretiert. Die Schlussfolgerungen werden in der Regel aus bloßen Vermutungen gezogen.

* Schlüsselbegriffe: mögen, finden, denken, halten, meinen, glauben, hassen, verachten, belächeln
* Fragetechniken: W-Fragen (zum Beispiel: Wieso? Warum? Weshalb?)

* Beispiel: Mein Chef verachtet mich.
* Frage für das Beispiel: Weshalb verachtet dich dein Chef?

(3.4) Umgekehrtes Lesen von Gedanken

In diesem Fall glaubt eine Person, dass andere Menschen auf einen Blick erkennen können, was in ihr vorgeht oder was sie gerade braucht.

* Schlüsselbegriffe: sollen, müssen, werden, machen
* Fragetechniken: Woher? Warum? Wieso? Weshalb?

* Beispiel: Er macht mir bestimmt bald einen Antrag!
* Frage für das Beispiel: Woher weißt du, dass er dir bald einen Antrag macht.

Wenn Sie mit dem Meta-Modell üben möchten, halten Sie sich immer vor Augen, dass die Schlüsselbegriffe nicht immer einfach zu bemerken sind. Es erfordert ein wenig Übung diese gezielt zu erkennen, das Problem dahinter zu durchschauen und direkt im Anschluss gleich die richtige Frage zu stellen. Vorteilhaft ist das Üben mit einem Partner, der ebenfalls Interesse an der Technik besitzt.

Fazit

NLP - das neurolinguistische Programmieren - besteht aus einer Vielzahl praktischer Übungen. Zwar konnte die Wirksamkeit mancher Techniken noch nicht belegt werden, doch einen Versuch ist es trotzdem allemal Wert. Viele Techniken passen einfach nicht in das Konzept wissenschaftlichen Denkens. Das bedeutet aber nicht zwangsläufig, dass die Annahmen deshalb falsch sind. Viele Anwender schwören auf NLP und haben ihr Leben dadurch verbessern können.

Was wäre, wenn auch Ihnen dies gelingt?

Impressum

Geschäftsanschrift Herausgeber:

Uwe Klein

Libanonstrasse 85
70186 Stuttgart

mail@marketing-tipps24.info

Haftungsausschluss: Alle Angaben wurden mit großer Sorgfalt erstellt, inhaltliche Fehler sind jedoch nie ganz auszuschließen. Autor und Herausgeber können hierfür keine Haftung übernehmen, jeder Leser ist für die Umsetzung und Anwendung der hier gegebenen Tipps selbst verantwortlich.

DISCLAIMER

Die Inhalte dieses Buches wurden mit größter Sorgfalt erstellt. Für die Richtigkeit, Vollständigkeit und Aktualität der Inhalte können wir jedoch keine Gewähr übernehmen.

Dieses Buch enthält Links zu externen Webseiten Dritter, auf deren Inhalte wir keinen Einfluss haben. Deshalb können wir für diese fremden Inhalte auch keine Gewähr übernehmen. Für die Inhalte der verlinkten Seiten ist stets der jeweilige Anbieter oder Betreiber der Seiten verantwortlich.

Die verlinkten Seiten wurden zum Zeitpunkt der Verlinkung auf mögliche Rechtsverstöße überprüft. Rechtswidrige Inhalte waren zum Zeitpunkt der Verlinkung nicht erkennbar. Eine permanente inhaltliche Kontrolle der verlinkten Seiten ist jedoch ohne konkrete Anhaltspunkte einer Rechtsverletzung nicht zumutbar. Bei Bekanntwerden von Rechtsverletzungen werden wir derartige Links umgehend entfernen.

1. Auflage 2016

Copyright © 2016 Uwe Klein

Alle Rechte vorbehalten.